漫画民法典

学会保护自己

张宁◎编著

内蒙古人民出版社

图书在版编目（CIP）数据

漫画民法典 . 学会保护自己 / 张宁编著 . -- 呼和浩

特 : 内蒙古人民出版社 , 2025.6. -- ISBN 978-7-204-

18389-0

Ⅰ . D923.04

中国国家版本馆 CIP 数据核字第 20256M1H92 号

漫画民法典·学会保护自己
MANHUA MINFADIAN XUEHUI BAOHU ZIJI

作　　者	张　宁	
策划编辑	王　静	
责任编辑	郭婧赟	
封面设计	琥珀视觉	
出版发行	内蒙古人民出版社	
地　　址	呼和浩特市新城区中山东路 8 号波士名人国际 B 座 5 楼	
网　　址	http：//www.impph.cn	
印　　刷	内蒙古爱信达教育印务有限责任公司	
开　　本	640mm×910mm　1/16	
印　　张	5	
字　　数	70 千	
版　　次	2025 年 6 月第 1 版	
印　　次	2025 年 6 月第 1 次印刷	
书　　号	ISBN 978-7-204-18389-0	
定　　价	32.00 元	

如发现印装质量问题，请与我社联系。

联系电话：（0471）3946120

前言 | Preface

　　《中华人民共和国民法典》（简称《民法典》）于 2020 年 5 月 28 日第十三届全国人民代表大会第三次会议通过，自 2021 年 1 月 1 日起正式施行。《民法典》是中国法律体系的重要组成部分，是我国"社会生活的百科全书"，也是"新时代人民权利的宣言书"。

　　《民法典》包括总则、物权、合同、人格权、婚姻家庭、继承、侵权责任七编内容以及附则，全面覆盖了我国人民生产生活的各个方面，具有十分广泛的法律意义。对于广大青少年读者而言，了解《民法典》，不仅能够丰富法律知识，增强法律意识，还有助于提高学法遵法守法用法的自觉性，从而学会运用法律武器维护自己的合法权益，并依法履行自己的法律义务。

　　鉴于此，我们根据青少年读者的阅读需求和成长特点，以《民法典》为依据，编写了这套"漫画民法典"丛书。丛书精选与青少年生活紧密相关的法律知识，采用层层递进的方式，深入剖析青少年日常生活中可能遇到的各类法律问题，并通过"以案说法"的形式向他们普及法律基础知识。

为了提升图书的可读性和趣味性，我们精心设计了多个阅读版块，如"案例再现""法理分析""民法链接""举一反三""律师答疑""法律贴士"等。此外，书中还配有大量生动的漫画插图，以期通过图文并茂的形式，帮助青少年读者更直观地理解法律概念和知识，让阅读更加轻松愉快。

　　我们期望，通过阅读这套丛书，每位青少年读者都能学到丰富的法律知识，学会运用法律武器维护自己的权益，明白履行法律义务的重要性，成为知法、懂法、守法的新时代好少年。

目 录 | Contents

篇首语

现实生活中，我们总会遇到各种各样的意外情况，有时甚至会因此受到伤害。要想有效防范这些意外，保护好自身的安全，我们有义务了解《中华人民共和国民法典》中的各项规定，比如如何在校园生活中保护自己，又比如如何应对突发的电梯困人、高空坠物等状况，只有深入了解这些安全隐患以及对应的防范措施，我们才能更好地运用法律武器来保护自己。

面对校园欺凌，要坚决说不！

案例再现

吃过早餐，妈妈像往常一样准备送明明去学校，明明却低着头，表现得很抗拒。妈妈很疑惑，耐心地和明明沟通了很久，明明才一脸委屈地告诉妈妈，班上几个身材高大的男同学总是欺负他，不仅抢他的课本、文具，还逼着他帮忙做作业、打扫卫生，有时候还嘲笑他个子矮、故意撞他，这让明明很害怕。听了明明的讲述，妈妈很气愤，决定要为他讨个公道。

法理分析

《中华人民共和国未成年人保护法》中对校园欺凌做了明确的界定，所有"发生在学生之间，一方蓄意或者恶意通过肢体、语言及网络等手段实施欺压、侮辱，造成另一方人身伤

害、财产损失或者精神损害的行为"，都属于校园欺凌。

孩子遭遇校园欺凌时，作为监护人的家长有权对相关侵害人进行追责，和老师、学校沟通，要求对方尽到相应的保障义务。同时，也要和欺凌者的家长联系，让他们管好自己的孩子，教育孩子停止欺凌行为。如果效果不好，家长可以报警、起诉，寻求相关部门的帮助。

另外，作为当事人，明明也要勇敢起来，面对校园欺凌，坚决说"不"。如果遭遇校园暴力，被殴打、欺负，可以反抗，反抗只要未超过必要的限度，造成对方受伤的，属于正当防卫，不用承担责任。

民法链接

《中华人民共和国民法典》第一百八十一条规定：因正当防卫造成损害的，不承担民事责任。正当防卫超过必要的限度，造成不应有的损害的，正当防卫人应当承担适当的民事责任。

《中华人民共和国民法典》第九百九十条规定：人格权是民事主体享有的生命权、身体权、健康权、姓名权、名称权、肖像权、名誉权、荣誉权、隐私权等权利。

《中华人民共和国民法典》第九百九十一条规定：民事主体的人格权受法律保护，任何组织或者个人不得侵害。

今天天气微凉，天空渐渐沥沥地下起了小雨，玲玲穿着雨衣走在通往教学楼的甬道上，忍不住皱起了眉头。

下雨了，下午的踢毽子比赛还会举行吗？如果不举行……

玲玲叹了口气，正想得出神，没注意到前面有人，一不小心就和迎面走来的晴晴撞上了。晴晴被撞倒在地，洁白的连衣裙上也沾满了泥水。

晴晴很生气，气呼呼地瞪着玲玲。

"对不起，对不起，我刚刚走神了，不是故意的。"玲玲一脸愧疚地解释着。

晴晴却不信，之后，两个人大吵了一架。

晴晴觉得自己受了委屈，从那之后很长一段时间，她都带着几个要好的朋友一起排挤玲玲——给玲玲起外号，叫她"坏猪"；上课时故意踢玲玲的凳子，传给她画了乌龟和骷髅头的小纸条；下课的时候，还带人堵住玲玲，故意用彩笔在她的衣服上乱涂乱画，在她的凳子上涂胶水，在

她的书桌抽屉里放毛毛虫……

刚开始的时候，玲玲觉得是自己不对，总是忍让，还再次给晴晴道歉，也表示愿意赔晴晴一条新裙子，但晴晴不接受，甚至变本加厉地欺负她。

"不能这样子！晴晴她们这样做不对！"玲玲想。于是，忍了几天后，她把事情告诉了班主任齐老师。

听了玲玲的讲述，齐老师很认真地告诉她："你做得对，面对校园欺凌，就应该勇敢地说不。"

"校园欺凌？"玲玲疑惑了。

"对，晴晴她们恶意侮辱你、欺负你，这就是校园欺凌，侵犯了你的人格权。要知道，你的生命权、健康权、姓名权、名誉权等，都属于人格权。晴晴她们给你起外号侵犯的就是你的名誉权，是违法的。"

"啊？违法的？那她们会被抓走吗？"玲玲有些担心了。

"不会。"齐老师摇摇头，"晴晴还不满十四周岁，按照法律规定，她做错了事，需要监护人进行管教。"

"哦，这个我明白，就是叫家长。"玲玲笑了。

"对，没错！"齐老师点头。

当天下午，齐老师就把晴晴和晴晴的父母都叫到了办公室，严肃地对他们进行了规劝和告诫。晴晴也意识到了自己的错误，从那之后，她再也没有欺负过玲玲。

律师答疑

1. 给同学起绰号算是校园欺凌吗？

根据《中华人民共和国未成年人保护法》第一百三十条第三款规定：学生欺凌，是指发生在学生之间，一方蓄意或者恶意通过肢体、语言及网络等手段实施欺压、侮辱，造成另一方人身伤害、财产损失或者精神损害的行为。给同学起绰号属于学生欺凌的范畴，同时也是当前校园欺凌事件中的常见现象，比如因为同学胖，就给他取"肥婆""胖猪""死胖子"等侮辱性绰号，就是典型的校园欺凌。但如果同学间关系亲近，彼此起个善意、亲昵的绰号，如"胖胖""小胖墩"等，一般不被视为欺凌行为，因为这类绰号不具有蓄意或恶意欺压、侮辱的性质，通常也不会对他人造成人身伤害、财产损失或精神损害。

另外，除了起侮辱性的绰号，用身体或物件等对受害者重复进行物理攻击，比如拳打脚踢、掌掴拍打、推撞绊倒、拉扯头发等；传播关于受害者的谣言和闲话；恐吓、威迫受害者做他不想做的事，威胁受害者跟随命令；分派结党，孤立、排挤受害者；敲诈、画侮辱图画以及通过互联网形式发表具有人身攻击成分的言论等，也都是典型的校园欺凌行为。

2. 在学校欺凌同学会坐牢吗？

按照相关法律规定，不满十四周岁的未成年人，违反法律，一般不予行政处罚，不追究刑事责任，但要责令监护人严加管教；如果有必要，会对违法者进行专门的矫治教育；同时，追究监护人的相应责任。年满十四周岁不满十六周岁的，犯了故意杀人、故意伤害致人重伤或死亡、强奸、抢劫、放火等严重罪行时，应当负刑事责任。年满十二周岁不满十四周岁的，犯故意杀人、故意伤害罪，致人死亡或者以特别残忍手段致人重伤造成严重残疾，情节恶劣，且经最高人民检察院核准追诉的，也应当负刑事责任。所以，在学校欺凌同学，除非达到法定刑事责任年龄且罪行特别严重，一般情况下欺凌者本人是不会坐牢的，但他的监护人需要代替他承担相应的民事赔偿责任。

法律贴士

遇到校园欺凌，应该怎么办？

1. 勇敢地说"不"，明确表示对欺凌行为的抗拒。

2. 及时、主动寻求老师、家长的帮助。

3. 不要忍气吞声，也不要相信霸凌者"告诉老师我就揍你""谁都帮不了你"等言语的威胁。

4. 弄清自己被排挤、孤立、欺凌的原因，如果是因为小误会、小矛盾，可以主动想办法化解。

5. 无论什么时候，都要先保障自己的人身安全。当遭遇暴力对待时，不要逞强，不要用言语激怒对方，可以适当地服软，拖延时间，找机会求助。

6. 如果双方力量差距不大，可以表现得强硬一些，用警示性的语言告诫、威慑欺凌者。

小朋友，你还知道哪些应对校园欺凌的好办法？快开动脑筋想一想吧！

_____

_____

被欺负的乐乐

这天放学，乐乐很晚才回到家……

遭遇不恰当的体罚，该如何保护自己？

案例再现

　　皮皮是某实验小学四年级的学生，性格活泼，爱玩爱闹，在学校里经常调皮捣蛋，让老师们很无奈。周二上午上数学课的时候，皮皮又捣蛋了，用纸飞机不断骚扰其他同学，老师很气愤，把皮皮赶出了教室，让他到走廊上罚站。这一站，就是两节课。课间的时候，还有不少同学对皮皮指指点点。看着大家异样的目光，皮皮心里委屈极了。

法理分析

　　很显然，老师让皮皮罚站的行为是不对的！

　　《中华人民共和国教师法》《中华人民共和国未成年人保护法》《中华人民共和国民法典》等许多法律中都有禁止体罚学生的规定。比如《中华人民共和国教师法》中规定，教师应当关心、爱护全体学生，尊重学生人格，促进学生在品德、智力、体质等方面全面发展。而《中华人民共和国

未成年人保护法》中也有"应当尊重未成年人人格尊严，不得对未成年人实施体罚、变相体罚或者其他侮辱人格尊严的行为"的规定。

皮皮是小学四年级的学生，心智不成熟，爱玩爱闹，这很正常，老师因此就歧视他、体罚他，不仅是错误的，而且是违法的。皮皮有权拒绝体罚，如果体罚给皮皮造成了伤害，作为限制民事行为能力人，他还可以通过自己的监护人追究学校、老师的责任，维护自己的正当权益。

 民法链接

《中华人民共和国民法典》第一千二百零一条规定：无民事行为能力人或者限制民事行为能力人在幼儿园、学校或者其他教育机构学习、生活期间，受到幼儿园、学校或者其他教育机构以外的第三人人身损害的，由第三人承担侵权责任；幼儿园、学校或者其他教育机构未尽到管理职责的，承担相应的补充责任。幼儿园、学校或者其他教育机构承担补充责任后，可以向第三人追偿。

举一反三

这天下午第三节课是自习课，五年级一班的李朋和同学张旭、王翔偷偷溜出教室，跑到小操场上打篮球。

"哦耶！""扣球，扣球！""传给我，快传给我！""太棒了！"

三人都是校篮球队的骨干，技术不错，配合也默契，不断传球、投球、扣篮，玩得非常开心。没想到，乐极生悲，他们被张旭的舅舅——王主任逮了个正着。

王主任看到张旭不上课，偷偷在外面打篮球，不仅严厉地训斥了张旭一顿，还把李朋、王翔也都骂了。

王翔脾气好，没说什么，李朋却不服气，反驳道："我爱玩就玩，用不着你管。"

王主任一听，劈头盖脸就将李朋骂了一通，说他不听话、调皮捣蛋，是个坏孩子，辜负了老师的期望。

李朋被骂急了，忍不住犟了两句嘴。

王主任气急之下，伸手扇了一下李朋的脑袋。

李朋当时没什么感觉，放学回家后却感觉头晕晕的，而且还反胃、想吐。爸爸妈妈发现了他的异样，赶紧送他去医院。

到医院后，医生诊断说，李朋是颅脑损伤，有轻微的脑震荡。

李朋爸爸妈妈震惊了，一番询问之后，才知道是王主任打的。两人非常气愤，立即打电话和王主任沟通，要求他道歉并赔偿医药费，但是王主任却拒绝了。

于是，李朋的爸爸妈妈就用一纸诉状把王主任和学校一起告上了法庭。

"为什么要告学校啊？"李朋很不解。

"你在学校上学，学校就有义务保障你的人身安全。王主任身为老师，怎么能随便打人？他在学校打人的时候，为什么没有别的老师和保安来管？即便这件事的主要责任不完全在学校，校方在教师管理和校园安全监督方面也存在明显失职。"

这时，李朋恍然大悟，接着，又有些担心地问："我们能告赢吗？"

"当然能！"妈妈自信地说，"《中华人民共和国民法典》中有明确规定，学生在校期间受到第三方伤害的，第三方要承担侵权责任。学校也要承担补充责任。"

果然，法院一审认定王主任和学校败诉，要求双方赔偿李朋治疗费、营养费等共计 2 万元。

 **律师答疑**

1. 五年级的学生算是无民事行为能力人吗？

按照《中华人民共和国民法典》的规定，无民事行为能力人分为两类，一类是"不能辨认自己行为的成年人"，另一类是"不满八周岁的未成年人"。

五年级的学生虽然没有成年，但一般已经超过八岁了，所以，不算是无民事行为能力人。

《中华人民共和国民法典》第十九条规定：八周岁以上的未成年人为限制民事行为能力人，实施民事法律行为由其法定代理人代理或者经其法定代理人同意、追认；但是，可以独立实施纯获利益的民事法律行为或者与其年龄、智力相适应的民事法律行为。

所以，五年级的学生是限制民事行为能力人。

2. 上体育课的时候，老师要求学生跑步热身，算是体罚吗？

体罚一般分为两种：一种是直接体罚，如打骂、罚站、罚做俯卧撑等；另一种是变相体罚，如讽刺、嘲笑、谩骂、挖苦、罚抄过量作业等。无论是直接体罚还是变相体罚，都是法律严厉禁止的。

但是，需要弄清的是，体罚本质上是一种以惩罚为目的，对未成年人的肉体、精神进行伤害的行为。体罚的目的是惩罚、惩戒。如果不是以惩罚为目的的行为，则不能被盲目认定为体罚。比如，上体育课时的跑步，这就是正常的教学行为，不算体罚。另外，军训的时候短时间内立正站军姿、跑步等意外造成学生受伤的，也不算体罚。此外，学生犯了错，老师适当批评教育两句，也不算体罚。

 法律贴士

被体罚了怎么办？

1. 拒绝接受，明确告诉老师，体罚是错误的、违法的，请老师停止体罚的行为。

2. 如果老师的情绪比较激动，态度比较恶劣，要暂时

退让，不要正面与老师发生冲突。

3. 如果被体罚了，要及时告诉爸爸妈妈，寻求他们的帮助。

4. 向学校的领导，如校长、副校长、教导主任、教务主任等投诉。

5. 如果体罚情况比较严重，如被猛烈殴打、罚跪、扇耳光等，不要忍气吞声，要及时拨打 110 报警，向警察求助。

6. 如果被体罚了，要学会灵活应变，别死脑筋。比如，老师让你在烈日下罚站，你可以偷偷躲到阴凉的地方，或者找机会向路过的老师、其他工作人员求助。

　　小朋友，你还知道哪些应对体罚的小妙招呢？快开动脑筋想一想吧！

体 罚

放学后，乐乐闷闷不乐地回了家……

意外遭遇交通事故后，该如何维护自己的权益？

 **案例再现**

　　7岁的雯雯最近很开心，因为爸爸妈妈在城郊租了一个宽敞的新房子，新房子前面还有一片大大的空地，是孩子们的"游乐场"。偶尔，住在附近的住户也会在这里停车。一个周末的傍晚，雯雯和几个小伙伴在空地上玩捉迷藏，躲到了一辆车的车轮旁边，正在此时，车主李先生有事要开车出门，没注意到雯雯，把雯雯撞倒了，导致雯雯浑身多处擦伤、左腿骨折。

法理分析

　　按照《中华人民共和国民法典》和《中华人民共和国道路交通安全法》的相关规定，"车辆在道路上因过错或者意外造成的人身伤亡或者财产损失的事件"通常被定义为交通事故。发生交通事故后，侵权责任人有义务对受害人进行民事赔偿，受害人也有权对侵权人提起诉讼并进行索赔。

交通事故责任的划分和确定，则是由交通部门按照相关的法律法规来判定的。

按照《中华人民共和国道路交通安全法实施条例》的规定，机动车倒车时，应该察明车后情况，在确认安全后倒车。不得在铁路道口、交叉路口、单行路、桥梁、急弯、陡坡或隧道中倒车。而李先生在开车前，没有绕车检查，没有注意周围的情况、忽视了视线盲区，没有尽到合理的注意义务，最终导致事故的发生，应该对事故负全责，对雯雯所受的伤害进行赔偿。如果李先生不愿意赔偿，雯雯的监护人可以报警或者到法院起诉李先生，追究他的责任。

民法链接

《中华人民共和国民法典》第一千二百零八条规定：机动车发生交通事故造成损害的，依照道路交通安全法律和本法的有关规定承担赔偿责任。

《中华人民共和国民法典》第一千二百一十六条规定：机动车驾驶人发生交通事故后逃逸，该机动车参加强制保险的，由保险人在机动车强制保险责任限额范围内予以赔偿；机动车不明、该机动车未参加强制保险或者抢救费用超过机动车强制保险责任限额，需要支付被侵权人人身伤亡的抢救、丧葬等费用的，由道路交通事故社会救助基金垫付。道路交通事故社会救助基金垫付后，其管理机构有权向交通事故责任人追偿。

举一反三

十月一日是国庆节，风和日丽，阳光明媚，王阿姨开车带着正在读小学六年级的儿子牛牛去海洋馆游玩。

牛牛兴奋极了，一路上叽叽喳喳的。

"妈妈，妈妈，我要去海豚馆，和海豚合影！"

"好，都听你的。咱们不仅去看海豚，还要去看鲸鱼、北极熊和企鹅。"王阿姨一边开车，一边笑着和牛牛聊天。

当车开到一个红绿灯路口时，王阿姨正和牛牛讨论先去看鲸鱼还是北极熊，看到绿灯亮起，就直接起步开车，并没有注意到一辆电动车正从北向南横穿马路。

"砰"的一声巨响，汽车车头和电动车撞到了一起，安全气囊自动弹出。王阿姨没有受伤，牛牛的额头撞到前面的中控

台，肿了个包，也没什么大碍。骑电动车的男孩儿小强摔倒在地，磕伤了膝盖，鲜血直流。王阿姨立即下车打电话报了警，同时拨打了 120 急救电话。

"妈妈，你撞人了，警察叔叔会不会把你抓走？"牛牛紧紧抱住妈妈的胳膊，满脸担忧地问。

"不会，"王阿姨摸了摸牛牛的头，回答说，"妈妈不是故意撞人的，出了车祸后也没有逃跑，警察叔叔不会抓我。"

"逃跑了就会被抓走？"牛牛又问。

"是的，撞人之后逃跑属于肇事逃逸，是违法犯罪行为，情节严重的话是要判刑的。"王阿姨说。

"哎……还好我们没逃。"牛牛长舒了一口气。

等了一会儿，交警就来了，勘查了现场，拍了照片后，认定王阿姨开车时没有注意前方道路情况，负主责；骑电动车的男孩儿违规横穿马路，负次责。

"妈妈，要不咱们别去海洋馆了。"等事故处理完，牛牛犹豫了一下，对王阿姨说。

"为什么？"王阿姨问。

"咱家要给那个哥哥赔钱啊，得省着点儿。我以后也不买名牌、不吃好吃的了。"牛牛说。

听了牛牛的话，王阿姨忍不住笑着说："傻孩子，别担心，咱家的车上了交强险，保险公司会赔钱给那个哥哥，只有赔偿超出了交强险的赔付额度，剩下的钱才会由咱家赔偿，不过……"

说到这儿，王阿姨突然顿了一下，"海洋馆咱们今天确实不能去了，咱们得去医院看看被撞的哥哥。"

"好！"牛牛认真地点头。

 **律师答疑**

1. 电动车算是机动车吗？

按照相关法律规定，车辆可以分为机动车和非机动车两种。其中，机动车是"以动力装置驱动或者牵引，上道路行驶的供人员乘用或者用于运送物品以及进行工程专项作业的轮式车辆"，常见的如大卡车、货车、小轿车等均在此列；非机动车是"以人力或者畜力驱动，上道路行驶的交通工具，以及虽有动力装置驱动但设计最高时速、空车质量、外形尺寸符合有关国家标准的残疾人机动轮椅车、电动自行车等交通工具"。符合《电动自行车安全技术规范》的电动自行车，具备脚踏骑行功能，且设计最高时速不超过25公里／

小时，整车质量（含电池）不超过 55 公斤，电机功率不超过 400W，蓄电池标称电压不超过 48V，这类车辆属于非机动车。

电动摩托车和电动轻便摩托车则属于机动车范畴。电动摩托车最高设计车速大于 50 公里/小时；电动轻便摩托车最高设计车速大于 20 公里/小时且不大于 50 公里/小时，且若使用电驱动，电机额定功率总和不大于 4kW。此外，电动轿车作为以电力驱动用于人员乘用的车辆，同样属于机动车；而符合国家标准的电动轮椅车，因其符合非机动车的相关参数标准，被归类为非机动车。

2. 遇到交通事故后该向谁报警？怎么报警？

遇到交通事故，无论是被撞者还是撞人者，都要拨打 122 报警电话。如果有人受伤，同时还需拨打 120 急救电话求助。报警和求助时，一定要说清事故发生的地点、时间、车型、车牌号和事故具体的伤亡情况。

3. 交通肇事逃逸会被判刑吗？

《中华人民共和国道路交通安全法》规定，"造成交通事故后逃逸，尚不构成犯罪的"，处两百元以上两千元以下罚款，并处十五日以下拘留。构成犯罪的，应按照《中华人民共和国刑法》相关规定定罪量刑。其中明确，"违反交通运输管理法规，因而发生重大事故，致人重伤、死亡或者使公私财产遭受重大损失的，处三年以下有期徒刑或者拘役"；"交通运输肇事后逃逸或者有其他特别恶劣情节的，处三年以上七年以下有期徒刑；因逃逸致人死亡的，处七年以上有期徒刑。"

法律贴士

　　遵守交通规则，人人有责。那么日常生活中，我们该怎么注意交通安全呢？

　　1. 步行时要走人行道，不要在路上滑冰、踢球、追逐、打闹，不要走神，不要戴耳机听歌，要随时注意周围的车辆情况，行走时不要过快，尽量靠边且靠右行走。

　　2. 横穿马路时要遵守交通规则，红灯停、绿灯行，不要闯红灯。

　　3. 不要为了"节省"时间，就翻越马路上的栏杆、违规逆行或者横穿机动车道。

　　4. 不要追赶正在行驶的车辆，哪怕车的速度很慢；车辆行驶过程中，不要向车窗外抛物。

　　5. 坐车时一定要按照规定系好安全带。

　　6. 乘坐汽车时，从右侧车门下车。

　　小朋友，你还知道哪些交通安全小常识？快和同学们分享一下吧！

_____

_____

危险来了

周末，乐乐和邻居壮壮在小区里玩起了滑板车……

如果不小心被困电梯，该如何维权呢？

案例再现

期中考试的成绩出来了，橙橙超常发挥，考了年级第三名，她非常高兴，下午刚一放学，就迫不及待地往家赶。

走了不到十分钟，橙橙就到了自家单元楼楼下，坐上了上行的电梯。可电梯上行到 3 层的时候，突然"咣当"一声，就不动了。

橙橙心里很害怕，但没慌张，立即拨打电梯里的紧急电话求救。

物业接到电话后，立即组织救援，花了三个小时的时间，终于把被困的橙橙救了出来。事后，橙橙的爸爸妈妈找到物业公司，要求其进行赔偿。

法理分析

《中华人民共和国民法典》第一千一百七十九条规定：侵害他人造成人身损害的，应当赔偿医疗费、护理费、交通费、营养费、住院伙食补助费等为治疗和康复支出的合理费用，以及因误工减少的收入。橙橙因为电梯故障被困在电梯中三个多小时，作为电梯的管理方和维护方，物业公司没有尽到保障电梯正常、安全使用的义务，对橙橙造成了侵害，应该承担侵权赔偿责任。橙橙的爸爸妈妈要求物业赔偿是非常合理的。

按照相关规定，如果电梯事故并未造成实质损害，赔偿的具体方式、数额应该由侵权方和受害方协商确定；如果造成了实际损害，则应按照相关法律规定进行赔付。在这次事故中，橙橙被困在电梯中超过两个小时，没有受伤，属于一般安全事故，具体赔偿方式及数额应该由橙橙父母和物业公司协商确定。

 民法链接

《中华人民共和国民法典》第二百八十一条规定：建筑物及其附属设施的维修资金，属于业主共有。经业主共同决定，可以用于电梯、屋顶、外墙、无障碍设施等共有部分的维修、更新和改造。建筑物及其附属设施的维修资金的筹集、使用情况应当定期公布。紧急情况下需要维修建筑物及其附属设施的，业主大会或者业主委员会可以依法申请使用建筑物及其附属设施的维修资金。

《中华人民共和国民法典》第二百八十七条规定：业主对建设单位、物业服务企业或者其他管理人以及其他业主侵害自己合法权益的行为，有权请求其承担民事责任。

举一反三

昨天晚上，下了一夜的大雪。早晨起来，涛涛看着外面一片银装素裹，就兴冲冲地约了邻居小伙伴小新、吉吉和大智一起去楼下堆雪人、打雪仗。

四个孩子在涛涛家碰头后，有说有笑地去坐电梯下楼。

"我带了胡萝卜，可以给雪人当鼻子。"涛涛有些得意地晃了晃手里的胡萝卜说。

"咦？胡萝卜！我最爱吃胡萝卜了，给我吃了吧，正好我饿了。"小新一边笑着说，一边伸手去抓涛涛手里的胡萝卜，涛涛很机灵地闪开了。

于是，两人在电梯轿厢中追逐打闹起来。

"咔!"正闹着呢，电梯突然震动了一下，随后卡住不动了。

"怎……怎么了?"胆小的大智颤声问。

"电梯好像坏……"小新回答。他的话还没说完，电梯就再次剧烈震动了一下，之后快速向下坠去。

幸运的是，孩子们住在五楼，电梯下坠到一楼就停了，并没有造成太大伤害。只是涛涛扭伤了脚，小新摔倒磕破了膝盖。

发现电梯故障后，物业公司也火速派人前往处理，只用了不到半个小时的时间就把四个孩子救了出来，送到了医院。

这场变故把涛涛吓坏了，在被送往医院的过程中，他始终呆呆的，直到看见接到消息后火急火燎赶来的爸爸妈妈，才忍不住哭出了声。

"哇……好可怕，爸爸，妈妈，我以为再也见不到你们了!"涛涛哽咽着说。

"没事，不怕，儿子，妈妈在。"妈妈搂着涛涛，柔声安慰了很久。

在医院里，医生为涛涛和小新处理好了伤口。涛涛的爸爸妈妈冷静下来后，决定先详细了解情况再做打算。他们找到物业公司，要求查看电梯维护记录。物业公司赶忙提供，原来在最近一次维护中，维修人员就发现了电梯存在一些小故障，并上报给了上级，但因备件采购流程繁琐，维修工作被暂时耽搁了。

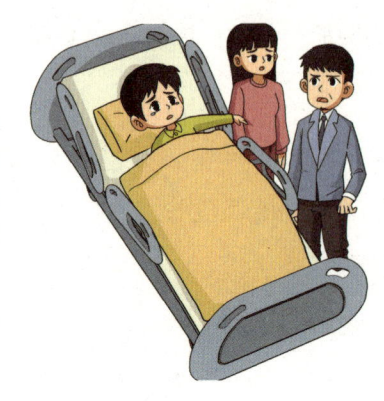

涛涛的父母又咨询了专业律师。律师表示，虽然物业公司对电梯维护管理负有责任，但在这次事件中，孩子们在电梯内追逐打闹的行为也是导致电梯故障突发的直接诱因。

经过协商，物业公司承认在电梯维修流程上存在一定延误，愿意承担部分医疗费用，并承诺立即整改电梯维护管理机制，确保类似情况不再发生。同时，涛涛的父母也意识到自己作为监护人，对孩子安全教育的疏忽。

回家后，他们耐心地给涛涛和小伙伴们讲了在电梯等公共场合应遵守的安全规则，告诉他们一定要避免因不当行为引发危险。这场意外，让大家都得到了深刻的教训。

律师答疑

1. 电梯发生故障，责任由谁承担？

按照《中华人民共和国民法典》和《中华人民共和国特种设备安全法》的相关规定，电梯发生故障时，责任由侵权方来承担。

一般来说，如果电梯是因为年久失修、缺乏养护、没有定时排查安全隐患等原因发生故障的，那么，侵权责任应该由电梯的日常管理方，即业主委员会或者物业公司来承担。

如果电梯故障是因为人为蓄意破坏或者其他人为原因导致的，侵权责任应由侵权人个人承担，物业公司根据具体情况承担次要责任和补充责任。

如果电梯是因为本身质量就不合格，存在严重的安全隐患或者在安装、改造、修理时出现安全技术规范方面的疏漏，那么，侵权责任由电梯的制造单位也就是电梯公司来承担。

2. 被困在电梯里 20 分钟，能获得赔偿吗？

按照《特种设备安全监察条例》的相关规定，电梯事故可以分为一般事故、较大事故、重大事故和特别重大事故四个等级。

一般事故是指"电梯轿厢滞留人员 2 小时以上"，没有造成实质性的人身损害的。如果造成了人身损害，则按照损害程度、伤亡程度再具体进行划分。

被困电梯 20 分钟，如果没有受伤，只能算是电梯故障，无法认定为事故，理论上来说，物业公司不用承担事故赔偿责任。如果有伤亡，侵权责任方应该根据《中华人民共和国民法典》等相关法律规定承担民事赔偿责任乃至刑事责任。

3. 遇到电梯故障，应该如何求助？

遇到电梯故障，可以通过电梯上的紧急电话联系物业，或者拨打 119 和 110。

 **法律贴士**

乘坐电梯时，应当注意哪些事项？

乘坐电梯时，为了保障安全，我们应该参照以下做法，规范乘坐。

1. 检查电梯轿厢内有没有安全检验合格标志；检查轿厢是否与楼层地面平行，有没有发生位置倾斜；检查轿厢与地面之间是否存在空隙。

2. 进出电梯时保持秩序，不要拥挤、推搡。

3. 不要用树枝、棍子、手掌、脚等卡住电梯门，妨碍电梯门的正常关闭。

4. 在电梯运行时，不要踢打、拍打、撞击电梯门，不要乱按电梯按钮。

5. 进入电梯后，尽量往电梯中部走，不要倚靠电梯门，不要在电梯内喧哗、蹦跳。

6. 当电梯出现卡顿、震动等故障时，不要慌张，应该及时报警，耐心等待救援，不要强行拉扯、捶打电梯门。

小朋友，你还知道哪些乘坐电梯时应该注意的事项呢？快和小伙伴们分享一下吧！

_____

_____

电梯惊魂

周末，乐乐和壮壮一起走进电梯，准备去楼下玩耍……

乐乐和壮壮用力扒开门，没想到把电梯弄坏了，电梯极速下降。

幸好物业人员通过监控发现了异常，把他们救了出来。

被宠物狗咬伤，该找谁来赔偿呢？

 案例再现

周六上午，壮壮去超市买转笔刀，正碰到在楼下遛狗的李阿姨。

看到李阿姨牵着的大金毛，壮壮的眼睛一下子亮了，立即跑上去，想要摸摸金毛的脑袋。李阿姨见状，赶紧拦住他说："别，我家金毛怕生，不乐意亲近陌生人，小心它咬你。"壮壮不听劝，径直跑到金毛身边，一把搂住金毛的脖子，又摸又撸，结果被愤怒的金毛咬伤。事后，壮壮父母上门向李阿姨索赔。小朋友，你觉得李阿姨该赔偿壮壮吗？

法理分析

《中华人民共和国民法典》第一千二百四十五条规定：饲养的动物造成他人损害的，动物饲养人或者管理人应当承担侵权责任；但是，能够证明损害是因被侵权人故意或者重大过失造成的，可以不承担或者减轻责任。

李阿姨家的大金毛咬伤了壮壮，按理说，李阿姨应该对壮壮进行赔偿。但是，李阿姨在遛狗的时候已经拴了狗绳，和壮壮说话的时候也一直牵着狗，没有让狗乱跑，而且在壮壮想要摸狗的时候，也明确告知过他，"狗怕生，排斥陌生人"，劝壮壮别摸。壮壮还是摸了，而且还抱着狗脖子，又摸又撸，所以，在被狗咬伤这件事上，受害人壮壮本身是存在"重大过失"的，需要负主要责任。而作为宠物饲养人李阿姨，并不存在过错，所以无需承担侵权赔偿责任。

民法链接

《中华人民共和国民法典》第一千二百四十五条规定：饲养的动物造成他人损害的，动物饲养人或者管理人应当承担侵权责任；但是，能够证明损害是因被侵权人故意或者重大过失造成的，可以不承担或者减轻责任。

《中华人民共和国民法典》第一千二百四十六条规定：违反管理规定，未对动物采取安全措施造成他人损害的，动物饲养人或者管理人应当承担侵权责任；

但是，能够证明损害是因被侵权人故意造成的，可以减轻责任。

《中华人民共和国民法典》第一千二百四十七条规定：禁止饲养的烈性犬等危险动物造成他人损害的，动物饲养人或者管理人应当承担侵权责任。

 举一反三

周末，妙妙和好朋友小芸、楠楠一起去美食街闲逛。

美食街的美食实在是太多了，金黄的炸鸡腿、甜腻的冰粉、糯糯的豌豆黄、喷香的烤串……

三人买了许多自己喜欢的吃食，一边吃，一边商量着周末去郊外露营的事。

走到距离美食街不远的一条小巷子时，妙妙美滋滋地咬了一口手里的鸡腿，说道："咱们八点就走吧，走太晚……"

可话还没说完，一只足有小牛犊大小的藏獒突然从路边窜出来，红着眼睛，恶狠狠地扑向妙妙，瞬间将她扑倒

在地，一口咬向鸡腿。

妙妙拿着鸡腿的手也被咬伤，顿时鲜血淋漓。

"啊！"剧烈的疼痛让妙妙忍不住发出惊叫。

楠楠、小芸也被吓坏了，高声喊救命。

听到呼救声，附近的住户迅速拿上棍棒、铁锹等工具，帮忙把藏獒赶开，并拨打 120 急救电话。

此时，妙妙的手已经被撕扯得血肉模糊，人也晕倒在了地上。

一位路过的护士，紧急为她做了伤口处理。

过了大概十分钟，救护车到了，妙妙被送往医院。这期间，藏獒的主人一直没有出现。

接到消息赶来的妙妙爸爸非常愤怒，立即报了警。

三个小时后，在警察的帮助下，藏獒的主人王先生终于被找到了。

听说自己的藏獒咬了人，王先生显得有些懊恼，但还是争辩说："我家狗很乖，从来不乱咬人。"

妙妙爸爸立即反驳说："根据《中华人民共和国民法典》第一千二百四十五条的规定，饲养的动物造成他人损害的，动物饲养人或者管理人应当承担侵权责任。而且按照第一千二百四十六条，在城市里饲养宠物狗，须尽到安全保障义务，不能让狗独自外出，遛狗的时候必须拴狗绳，大型犬还得戴嘴套。你家藏獒不仅没拴绳，而且根据第一千二百四十七条，藏獒属于烈性犬，在城市里是禁养的。"

王先生被反驳得哑口无言，但谈到赔偿问题时，还在找借口，强调家里藏獒不会随便咬人，想要把责任推给妙妙。

这时，警察严肃地告诉王先生："有多位目击证人都能证明，当时藏獒是暴起伤人的，妙妙没有过错。按照《中华人民共和国民法典》第一千二百四十七条的规定，禁止饲养的烈性犬等危险动物造成他人损害的，动物饲养人或者管理人应当承担侵权责任。所以，无论妙妙有没有过错，作为藏獒的饲养人，你都要负全责，必须对被咬伤的妙妙进行赔偿。"

听警察这么说，王先生这才意识到自己的错误，主动道了歉，还赔偿了妙妙医药费、营养费等费用共计 3 万元。

律师答疑

1. 哪些狗属于烈性犬？

《中华人民共和国民法典》规定，禁止饲养的烈性犬等危险动物造成他人损害的，动物饲养人或者管理人应当承担侵权责任。

不同城市对烈性犬的界定有所不同。一般说来，大多数犬类相对比较暴躁，攻击性也较强，不容易被驯服，像藏獒、比特犬、非拉犬、狼犬、猎犬、杜宾犬等，都算是烈性犬。

2. 宠物狗咬伤了人，饲养人就要负全责吗？

宠物狗咬人、伤人，狗主人需要承担侵权责任，但不一定要负全责。如果被咬的人存在故意或者有重大过失，饲养人可以不承担或减轻责任。

3. 同学放鞭炮吓到狗，导致我被狗咬伤，我该找谁赔偿？

根据《中华人民共和国民法典》的规定，如果因为第三方的过错被动物咬伤，被侵权人既可以向第三方索赔，也可以向动物的饲养人或管理人索赔。

法律贴士

如果被咬伤后，找不到宠物狗的饲养人，该怎么办？

按照相关规定，在城市内饲养宠物狗，必须进行宠物登记。在城市内不幸被狗咬伤后，伤者可以报警，让警察按照登记信息，寻找宠物饲养人。即便咬人的宠物狗已经被遗弃，原饲养人或管理人也需要为它造成的损害承担责任。如果有新的收养人和饲养人，则由新的饲养人、管理人承担侵权损害赔偿责任。

如果咬人的狗是被遗弃、处于流浪状态的宠物狗，按照《中华人民共和国民法典》第一千二百四十九条的规定，"遗弃、逃逸的动物在遗弃、逃逸期间造成他人损害的，由动物原饲养人或者管理人承担侵权责任"。即便原饲养人声称已遗弃该狗，不再对其负责，但因其遗弃行为使狗处于失控状态，增加了他人面临的风险，仍需为狗咬伤他人的后果买单。若能确定流浪狗的新收养人或管理人，那么新的饲养人、管理人应承担侵权损害赔偿责任。

小朋友，你还知道哪些防止被狗咬伤的小妙招吗？快来和同学们分享一下吧！

_____

_____

危险的宠物狗

星期六，乐乐在小区的花园里玩耍，看到了一条可爱的小狗……

乐乐抱起小狗，没想到被小狗咬了一口。

兴趣班上意外受伤，谁来承担责任？

 **案例再现**

放暑假了，妈妈为7岁的小萌报了个舞蹈培训班，让小萌专门学习芭蕾舞。

这天老师新教了一个高难度的旋转动作，小萌跟着练习时，没有把握好平衡，不小心摔倒在地上。

老师连忙打电话通知了小萌妈妈，同时，送小萌去了医院。

医生进行了详细的诊断，然后告诉小萌妈妈，小萌右脚脚踝严重扭伤，脚背也有轻微的骨裂，需要休养至少两个月。

小萌妈妈既心疼又气愤，找到培训班要求赔偿。那么，培训班应该赔偿吗？

法理分析

《中华人民共和国民法典》第一千一百九十九条规定：无民事行为能力人在幼儿园、学校或者其他教育机构学

习、生活期间受到人身损害的，幼儿园、学校或者其他教育机构应当承担侵权责任。

小萌今年只有7岁，属于我国法律规定的无民事行为能力人。培训班作为专业的教育培训机构，在上课期间，本应该尽到合理的安全保障义务，对孩子们进行管理、监督、教育、保护。但培训班的老师在教授高难度的舞蹈动作时，并没有提前预见可能发生的人身损害风险，也没有做出相应的保护措施，这就是明显的不专业和失职。因为培训班的失职，造成小萌脚踝扭伤、脚背骨裂，作为小萌的法定监护人，妈妈有权对培训班进行追责，要求培训班承担侵权损害赔偿责任。培训班也理应给予小萌合理的赔偿。

 民法链接

《中华人民共和国民法典》第一千一百九十九条规定：无民事行为能力人在幼儿园、学校或者其他教育机构学习、生活期间受到人身损害的，幼儿园、学校或者其他教育机构应当承担侵权责任；但是，能够证明尽到教育、管理职责的，不承担侵权责任。

《中华人民共和国民法典》第一千二百条规定：限制民事行为能力人在学校或者其他教育机构学习、生活期间受到人身损害，学校或者其他教育机构未尽到教育、管理职责的，应当承担侵权责任。

举一反三

"唉！"拿着儿子的月考成绩单，李达爸爸忍不住又叹了一口气。

李达今年9岁半，读小学三年级，聪明伶俐，性格开朗，就是不爱学习，尤其不爱学数学，每次考试都是班级倒数几名。

按照这个成绩，小学毕业后，李达肯定考不上好初中，更上不了好大学……怎么办啊？李达爸爸越想越发愁。最后，他决定征求一下李达班主任于老师的意见。

于老师建议李达爸爸给李达报个特长班，以后考虑走特长生路线。

　　李达爸爸觉得这个建议很好，就给李达报了个篮球培训班。毕竟打篮球，哪个男孩儿会不喜欢呢？

　　上课第一天，李达表现得很兴奋，不仅超额完成了训练量，路过训练场时，看到有高年级的学员在进行对抗训练，也跃跃欲试地想要去打一场，却被培训班的王教练阻止了。

　　"不行，你刚做完训练，体力消耗太大。而且你才开始学习篮球，技巧掌握得还不够熟练，不能和高年级的学员一起比赛，容易受伤。"

　　"教练，让我去试试吧，求您了，就打一场!"李达恳求说。

　　耐不住李达的软磨硬泡，王教练最后还是同意了。

　　没想到，李达在和高年级学员比赛的时候，意外被撞倒，左臂多处擦伤、软组织挫伤、左肱骨髁上骨折，在医院住了一个多礼拜，医药费就花了将近两万块钱。

　　李达爸爸既心疼又无奈，也不知道该怎么办。

　　"您可以代表李达追究培训班的侵权责任，让他们给予赔偿。"班主任于老师在了解到李达的情况后，这样告诉李达爸爸。

　　"真能找培训班要求赔偿吗?"李达爸爸有些犹豫，"王教练说了，是我们家李达非要和高年级的孩子去比赛，才受的伤"。

　　"能。按照《中华人民共和国民法典》的相关规定，孩子在教育机构学习期间受到人身损害，教育机构未尽到教育、管理职责的，应当承担侵权责任。"于老师解释道，"培训班的王教练虽然提醒过李达，但是并没有尽到合理范围内的安全保障义务，对可能造成的伤害也没有提前预防。所以，培训班和王教练都存在过错，都该为李达的受伤承担责任"。

听了于老师的话，李达爸爸恍然大悟。第二天，他又找到了培训班的相关负责人。经过一番有理有据的协商，培训班同意赔偿李达各项费用 4 万元。

律师答疑

1. 孩子在培训机构不小心自己摔伤，应该由谁负责？

从法律层面而言，即便孩子是不小心自己摔伤的，培训机构作为经营者、管理者也应该负责。

按照《中华人民共和国民法典》的相关规定，学校、培训机构应该对前来上课的学员尽到高度的注意义务和合理的安全保障义务。如果没有尽到，造成学员人身损害，就应当承担侵权责任。

但是，如果有证据证明孩子摔伤并不是不小心，而是故意的、有目的的，或者培训机构能够证明自己已经尽到了相应的教育、管理职责，则无需承担侵权责任。

2."只要是在培训机构受伤，培训机构就得赔"，这种说法对吗？

这种说法不对。《中华人民共和国民法典》对侵权责任有着非常明确的划分：①不满八周岁，无民事行为能力的孩子"在幼儿园、学校或者其他教育机构学习、生活期间受到人身损害的，幼儿园、学校或者其他教育机构应当承担侵权责任；但是，能够证明尽到教育、管理职责的，不承担侵权责任"。②年满八周岁但没有成年，限制民事行为能力的孩子"在学校或者其他教育机构学习、生活期间受到人身损害，学校或者其他教育机构未尽到教育、管理职责的，应当承担侵权责任"。③此外，《中华人民共和国民法典》还规定，"无民事行为能力人或者限制民事行为能力人在幼儿园、学校或者其他教育机构学习、生活期间，受到幼儿园、学校或者其他教育机构以外的第三人人身损害的，由第三人承担侵权责任；幼儿园、学校或者其他教育机构未尽到管理职责的，承担相应的补充责任"。

 法律贴士

孩子在上兴趣班时应该注意哪些事项？

1. 远离一切危险的地方，不做危险的事情。比如，不攀爬阳台、栅栏、窗户，遇到车辆要避让，不去碰高处的东西，不碰尖锐的铁器，不靠近火、酒精灯等。

2. 走路的时候要注意脚下，看到路上有高低不平的地

方，或有凹坑、水坑时，切记不要去踩。

3. 无论什么时候，都不要去触摸电线。

4. 不要轻易相信陌生人的话，不要随便吃陌生人给的食物。

5. 倘若遇到困难，要及时、主动地向老师求助。

6. 遇到紧急情况时，找机会打电话报警。

7. 按时上课、下课，下课后不要乱跑，等着家长来接。

小朋友，当你上培训课、兴趣班的时候，都有哪些注意事项呢？快开动脑筋想一想吧！

_____

_____

兴趣班

下午，爸爸把乐乐从兴趣班接出来……

商品质量与描述不符，可以维权吗？

案例再现

下周五是妈妈的生日，澜澜准备画一幅水彩画，当作送给妈妈的生日礼物。可是，刚画了一半，水彩笔不出水了。于是，她来到附近的文具店，打算重新买一盒。

文具店的店员姐姐非常热情地接待了澜澜，还给她推荐了一款"颜色特别鲜亮，出水顺畅"的水彩笔。

澜澜信以为真，买了一盒，回到家后用了一会儿才发现，水彩笔的颜色很淡，有的根本不出水，和店员姐姐的描述完全不符。这种情况下，澜澜该怎么办？

法理分析

《中华人民共和国产品质量法》和《中华人民共和国消费者权益保护法》中都有明确规定：商家应当诚信经营、不能虚假宣传、以假乱真、以次充好。若商家提供的商品与宣传、描述不符，属于瑕疵履行，是一种违约行为，消费

者有权要求商家承担违约责任。

澜澜去买水彩笔，店员看她年纪小，就欺骗她，告诉她水彩笔"颜色特别鲜亮，出水顺畅"。澜澜信以为真，买了回去，却发现其质量与店员的描述完全不符，店员和文具店的行为，属于典型的瑕疵履行。作为消费者，澜澜可以直接找到文具店店员，要求其退货、退款或者换货。如果文具店拒不担责，澜澜还可以告诉爸爸妈妈，让作为监护人的爸爸妈妈代替自己起诉文具店。同时，澜澜也可以拨打12315维权热线，寻求相关部门的帮助。

民法链接

《中华人民共和国民法典》第五百八十二条规定：履行不符合约定的，应当按照当事人的约定承担违约责任。对违约责任没有约定或者约定不明确，依据本法第五百一十条的规定仍不能确定的，受损害方根据标的的性质以及损失的大小，可以合理选择请求对方承担修理、重作、更换、退货、减少价款或者报酬等违约责任。

举一反三

　　妍妍在"希望杯"数学竞赛中获得了二等奖，妈妈非常高兴，答应送妍妍一件她喜欢的礼物。

　　妍妍精挑细选了很久，才在网上一家评分很高的服装店里挑了一件樱花粉色的连衣裙。

　　"等举办颁奖典礼的时候，我就穿这条裙子！"妍妍眉眼弯弯，笑着对妈妈说道。

　　"好！"妈妈点头。

　　一天、两天……在提交订单后的第三天，妍妍心心念念的连衣裙终于到了。

快递员叔叔将快递送过来后，妍妍就迫不及待地拆开了包装。

可是，看到里面的裙子后，她却大失所望。

裙子的颜色和她在网上看到的商品介绍一点都不一样，不是樱花粉，而是绛紫色的；裙角的星星亮片、左胸的蝴蝶结都没有；裙子的做工也不精致，还有开线的地方。

"呜呜呜……"妍妍伤心地哭了起来。

傍晚，妈妈下班后，发现妍妍眼睛红肿，无精打采的，十分担心，连忙问她怎么了。妍妍把收到连衣裙的事情一五一十地告诉了妈妈。

"这个裙子和照片上的不一样，不是我想要的，他们骗人！"妍妍委屈地说。

"没关系，作为消费者，我们如果买到假冒伪劣商品后，可以利用法律武器维护自己的正当权益。"妈妈安慰道。

"真的？"妍妍眼前一亮，问。

"真的！"

"那我们该怎么维权？"妍妍追问。

"卖家寄来的裙子和商品详情页里描述的完全不一样，质量不合格，有瑕疵，属于瑕疵履约。"妈妈说，"按照《中华人民共和国民法典》和《中华人民共和国消费者权益保护法》的规定，我们可以联系商家，要求换货、退货"。

"我喜欢这个裙子的款式。"妍妍想了想说，"咱们换货吧，换条质量好的且和图片一样的"。

"听你的。"妈妈笑着说。

之后，妈妈给裙子拍了照片，发给网店的客服，提出售后退换货的要求，并表示，如果卖家不愿意履行违约责任，自己会到法院起诉维权。

客服充分了解了情况后，诚恳地表示了歉意，并迅速为妍妍妈妈办理了退换货手续。

很快，妍妍就收到了新的连衣裙。连衣裙颜色素雅，裙角缀着彩色的星星亮片，妍妍穿上后，漂亮极了。

律师答疑

1. 什么样的商品属于不合格商品？

按照《中华人民共和国产品质量法》第二十六条的规定，质量合格的产品需满足以下条件：一是不存在危及人身、财产安全的不合理的危险，有保障人体健康和人身、财产安全的国家标准、行业标准的，应当符合该标准；二是具备产品应当具备的使用性能，但是，对产品存在使用性能的瑕疵作出说明除外；三是符合在产品或者其包装上注明采用的产品标准，符合以产品说明、实物样品等方式表明的质量状况。不符合上述条件的产品，均为不合格产品。

2. 网购了一箱车厘子，不想要了，能退货吗？

《中华人民共和国消费者权益保护法》第二十四条规定：经营者提供的商品或者服务不符合质量要求的，消费者可以依照国家规定、当事人约定退货，或者要求经营者履行更换、修理等义务。没有国家规定和当事人约定的，消费者可以自收到商品之日起七日内退货。

因此，一般情况下，消费者是享有"七天无理由退货"的权利，无论是买错了，还是不想要了，都能退货。

但是，按照《中华人民共和国消费者权益保护法》第二十五条的规定，一些特殊的商品是不支持七天无理由退货的，譬如消费者定作的商品；鲜活易腐的商品，像水果、海鲜、糕点等；在线下载或者消费者拆封的音像制品、计算机软件等数字化商品，像网上下载的歌曲、电影、学习资料等；交付的报纸、期刊；其他根据商品性质并经消费者在购买时确认不宜退货的商品。而车厘子属于生鲜水果，不易储存，容易腐败，运输成本也高，所以，如果商品的质量没有问题，通常是不支持退货的。

 **法律贴士**

日常购物时，有哪些需要注意的事项？

1. 不要冲动消费，不要听推销员的一面之词，要自己观察、对比。

2. 买到质量不合格或者与商品描述严重不符的商品时，

不要"自认倒霉"，要及时和商家沟通，要求退换货。如果沟通不畅，可以在线投诉或者拨打 12315 电话投诉。

3. 一定要保存好购物小票、收据、发票、保修卡等相关的材料。

4. 投诉要实事求是，不能夸大其词、弄虚作假，也不要无故刁难别人。

5. 在互联网上购物时，要多关注店铺的综合评分和商品的评价，不要一味地相信商品介绍。购买衣服、鞋子等商品时最好和在线客服沟通一下，确定尺码、颜色、花样后再下单。

　　小朋友，你还知道哪些实惠购物、有效维权的小妙招吗？赶紧来分享一下吧！

_____

_____

新裙子

乐乐妈妈网购了一条新裙子，美滋滋地照镜子……

老公，你看我这新裙子怎么样？

我怕我说实话会让你不高兴呀！

没关系，你说吧！

这条裙子有点儿显胖。

而且我看这料子也不太好。

好了，打住，幸好我有运费险，我现在就退货。

行，退了再买一件更好的！

被高空坠物致伤，该找谁来承担赔偿责任呢？

盛夏，烈日炎炎，下午五点的时候，天气也不见一丝凉爽。浩浩背着书包，像往常一样，走在回家的路上，没走多久就出了一身汗，头也有点儿晕晕的，因为害怕中暑，浩浩就专门找树荫、墙边等有阴影的地方走。没想到，刚走到自家单元楼下，一个绿色的空啤酒瓶突然从高处落下，正好砸在浩浩头上，把浩浩给砸晕了。邻居们发现不对后，立即把浩浩送去了医院。这种情况下，浩浩的医药费该由谁来承担呢？

 **法理分析**

高空抛物是一种非常危险的行为，不仅会威胁他人的生命安全，而且违背基本的社会道德准则和相关法律法规。一旦发现，必须严惩不贷。

《中华人民共和国民法典》第一千二百五十四条规定：从建筑物中抛掷物品或者从建筑物上坠落的物品造成他人损害的，由侵权人依法承担侵权责任；经调查难以确定具体侵权人的，除能够证明自己不是侵权人的外，由可能加害的建筑物使用人给予补偿。可能加害的建筑物使用人补偿后，有权向侵权人追偿。

浩浩在自家单元楼下被从高处掉下来的空啤酒瓶砸伤。此次意外所产生的相应治疗费、医药费、营养费等都该由实施高空抛物行为的侵权人来承担。如果难以确定具体侵权人，那么在这种情况下，除了能够证明浩浩被砸时自己家没有人或者住在一楼、客观上不具备高空抛物条件的住户之外，该栋单元楼其他可能加害的住户需对上述费用给予合理补偿。

 民法链接

《中华人民共和国民法典》第一千二百五十三条规定：建筑物、构筑物或者其他设施及其搁置物、悬挂物发生脱落、坠落造成他人损害，所有人、管理人或者使用人不能证明自己没有过错的，应当承担侵权责任。所有人、管理人或使用人赔偿后，有其他责任人的，有权向其他责任人追偿。

《中华人民共和国民法典》第一千二百五十四条规定：禁止从建筑物中抛掷物品。从建筑物中抛掷物品或者从建筑物上坠落的物品造成他人损害的，由侵权人依法承担侵权责任；经调查难以确定具体侵权人的，除能够证明自己不是侵权人的外，由可能加害的建筑物使用人给予补偿。可能加害的建筑物使用人补偿后，有权向侵权人追偿。

举一反三

今天和风习习，天气晴朗，白奶奶在家闲着没事，就想着用儿子新买的玻璃刮把阳台和卧室里的窗户玻璃都擦一擦。

不得不说，玻璃刮真是太好用了！喷上水，刮一刮，再用棉布抹一抹，原本脏兮兮的玻璃立即就变得干净又明亮。

白奶奶越擦越起劲儿，擦完卧室的窗户玻璃，又来到了阳台。没想到，白奶奶探出身子去擦外层玻璃时，手抖了一下，玻璃刮一不小心掉到了楼下。

白奶奶心里有点儿忐忑，生怕砸到人。

然而，怕什么来什么，楼下突然传来一阵惨叫声和哭闹声。

白奶奶吓得脸色惨白，也顾不上擦玻璃了，立即小跑着下楼查看情况。

不过，等她到了楼下，被砸的人已经不在楼下了。

白奶奶打听了一圈，这才知道，刚才住在三楼的董萍正推着自己两岁的女儿橙橙在楼下遛弯晒太阳。结果孩子被从天而降的玻璃刮砸到了，右胳膊上被划出一道很深的口子。

董萍担心孩子的伤势，已经火急火燎地打车送孩子去医院了。

"也不知道是谁这么不道德？"

"幸好砸到的是胳膊，要是砸到脑袋，可了不得。"

"高空抛物，致人受伤，这算是侵权了吗？"

小区很多人得到消息后都过来了，听着大家的议论，白奶奶既惊慌又紧张，实在不知道该怎么办，赶紧给儿子打了电话。

接到电话后，白奶奶的儿子立即开车回到家。到家后，又带着白奶奶去医院看望了受伤的橙橙，主动承担了橙橙所有的治疗费用，还诚恳地向董萍一家表示了歉意。

一番奔波之后，等母子两人从医院出来时，天已经黑了。

白奶奶想到邻居们的议论，就问儿子："什么是侵权人？谁侵权了？"

儿子告诉白奶奶："侵权人，就是指侵犯了别人权益的人。您不小心掉落的玻璃刮砸伤了橙橙，就是侵犯了她的生命权、健康权。而且，咱们国家法律有规定，高空抛物、坠物造成他人损伤的，由侵权人依法承担侵权责任。如果我们不赔偿橙橙的损失，那就是违法！"

听了儿子的话，白奶奶郑重其事地点点头，并暗下决心，等回到家，一定要把阳台上所有可能掉落的物品，如花盆、拖鞋、易拉罐等全都收起来，免得以后砸到人。

律师答疑

1. 未成年的孩子高空抛物造成他人受伤的，需要承担责任吗？

按照《中华人民共和国民法典》的规定，不满八周岁、无民事行为能力的孩子和已满八周岁、不满十八周岁的未成年人，由法定监护人或代理人代理实施民事和法律行为。所以，如果未成年的孩子高空抛物造成他人受伤，他本人不用承担责任，但他的监护人却需要替他承担相应的民事赔偿责任。

2. 孩子被高空坠落的花盆砸死了，责任该由谁承担？

如果能够找到从高处往下扔花盆的人，或者能确定花盆归属，且该行为人存在故意高空抛物行为，那么，扔花盆的人会被以故意杀人罪追究刑事责任；如果花盆是不小心掉落的，则以过失致人死亡罪追究花盆所有人的刑事责任；如果找不到扔花盆的人，也无法确定花盆归属，那么事发地附近，除能自证无抛物可能的住户外，住在二层及以上可能实施高空抛物行为的住户，需依据公平责任原则给予受害者家属合理补偿。在有物业的小区、商厦、宾馆等，物业公司因为没有尽到相应的安全保障义务和管理职责，也要承担补充责任，对被侵权人进行赔偿。

3. 地震时，家里的玻璃被震碎，从高处掉落伤到人，用承担责任吗？

《中华人民共和国民法典》第一百八十条明确规定，除法律另有规定的情形外，因不可抗力造成他人损害的，不承担民事责任。地震、火山喷发、海啸、台风、泥石流、滑坡等自然灾害，通常都属于不可抗力。所以，在地震发生时，玻璃碎裂抛溅，或者其他物品因地震坠落给他人造成损伤的，物品的所有人一般不用承担相应的侵权责任。

 法律贴士

怎么才能尽量避免被高处掉落的物品砸到？

1. 步行时，避开户外高大的广告牌、灯箱等，尤其是

在大风、大雨、大雪的天气里，更需要注意。

2. 如果没有特别的必要，尽量不要贴着居民楼的墙根走，也不要离居民楼太近。

3. 看到有工人在高处进行施工作业时，能够绕行就绕行，不能绕行就尽量远离。

4. 在高楼下行走时，要时刻保持警惕，多抬头看看，当看到有悬挂的灯箱、牌子或者外放的花盆等物品时，要加快脚步，迅速通过。

5. 步行时尽量不要玩手机，多注意周围的情况，特别是有风的时候。

6. 若看到道路附近设有"经常坠物"的警示标志，要尽量绕行。

小朋友，你知道还有哪些能躲开高空坠物的办法吗？快开动脑筋想一想吧！

_____

_____

消失的白球鞋

周六下午，乐乐刷了白球鞋，并把它们晾在阳台上……

明天下午就可以穿白球鞋踢球啦！

结果第二天下午，当乐乐兴冲冲来到阳台，却发现……

啊？白球鞋怎么不见了……

哥哥，阳台的窗户开着，难道你的白球鞋掉下去了？

千万别啊！高空坠物是违法的，要是我的白球鞋砸到人，那可就糟了！

你的白球鞋在这儿呢！

啊？为什么它还是湿漉漉的呢？

那是因为你昨天根本就没有刷干净……所以我又重刷了一遍！

就是！好好的白球鞋被你刷得差点儿变成黄球鞋呢！

这么一看……妈妈确实比我刷得干净！

就医过程中受损害，该找谁维权呢？

 **案例再现**

"咳咳咳……"强强感冒了，高烧39度，咳嗽得特别厉害，吃了好几天的感冒药都没好。奶奶不放心，连夜带着强强去了医院，还把强强之前吃的感冒药拿给医生看，生怕吃的药不对症。医生仔细看过之后，告诉强强奶奶，强强之前吃的感冒药已经过期半年了，根本就没有药效，吃多了还会伤害身体。强强奶奶听了，非常气愤，第二天就找到了卖给她过期感冒药的药店，要求药店给予赔偿。那么，强强奶奶能得到赔偿吗？

法理分析

每一个人都难免生病。生病了就要吃药、看医生。所以，医药安全一直是人们关注的焦点，和人的生命、健康息息相关。

按照《中华人民共和国民法典》的相关规定，因为药品不合格给患者造成损害的，患者有权向医院、药店、药厂等侵权机构请求赔偿。同时，我国《中华人民共和国药品管理法》也规定，相关机构不能生产和销售假药、劣药，否则，不仅要没收违法所得，并处以相应罚款，情节严重的还会吊销药品经营许可证和药品生产许可证等相关经营资质。

过期的感冒药属于典型的劣药，药店把劣药卖给强强的奶奶，导致强强感冒久治不愈，明显侵犯了强强的健康权，也违背了经营者诚信经营的原则，构成对消费者的欺诈。因此，药店要承担相应的侵权责任，对强强进行民事赔偿。具体的赔偿数额，由双方协商确定。

 **民法链接**

《中华人民共和国民法典》第一千二百二十三条规定：因药品、消毒产品、医疗器械的缺陷，或者输入不合格的血液造成患者损害的，患者可以向药品上市许可持有人、生产者、血液提供机构请求赔偿，也可以向医疗机构请求赔偿。患者向医疗机构请求赔偿的，医疗机构赔偿后，有权向负有责任的药品上市许可持有人、生产者、血液提供机构追偿。

举一反三

周末，秋高气爽，爸爸妈妈带小雪一起到郊外去野炊。

郊外的风景好美啊！绿柳婀娜，繁花灿烂，潺潺的溪水中，还有许多小鱼不断地游来游去。

小雪一会儿采采野花，一会儿扑扑蝴蝶，一会儿帮着妈妈铺桌布，一会儿和爸爸去钓鱼，玩得非常开心。

可是，中午吃饭的时候，妈妈刚吃了两口烤鱼就突然肚子疼，而且疼得额头直冒冷汗。

爸爸和小雪连忙开车送妈妈到最近的医院诊治。

医生做了一番检查后，确诊妈妈患的是急性结肠炎，需要立即手术。

看着一群医生将妈妈推进手术室，小雪很害怕。

"爸爸，妈妈一定会没事吧？"小雪问。

"是的，别担心，妈妈会没事的。"爸爸轻轻抚摸着小雪的头，安慰着。

手术进行得很顺利，只用了一个小时，妈妈就被推了出来。

医生说，养上两三天就能出院了。

可是，不知道为什么，妈妈手术后恢复得并不好，不仅经常腹痛，伤口也迟迟不愈合。

医院发现异样后，组织专家对小雪妈妈进行了会诊，又把手术时的监控录像调出来，看了好几遍，最后才发现，手术中使用的消毒用具有缺陷，导致缝合线消毒不彻底。所以，伤口缝合后又发生了二次感染。

"对不起，对不起，都是我们的失误。"发现失误后，医

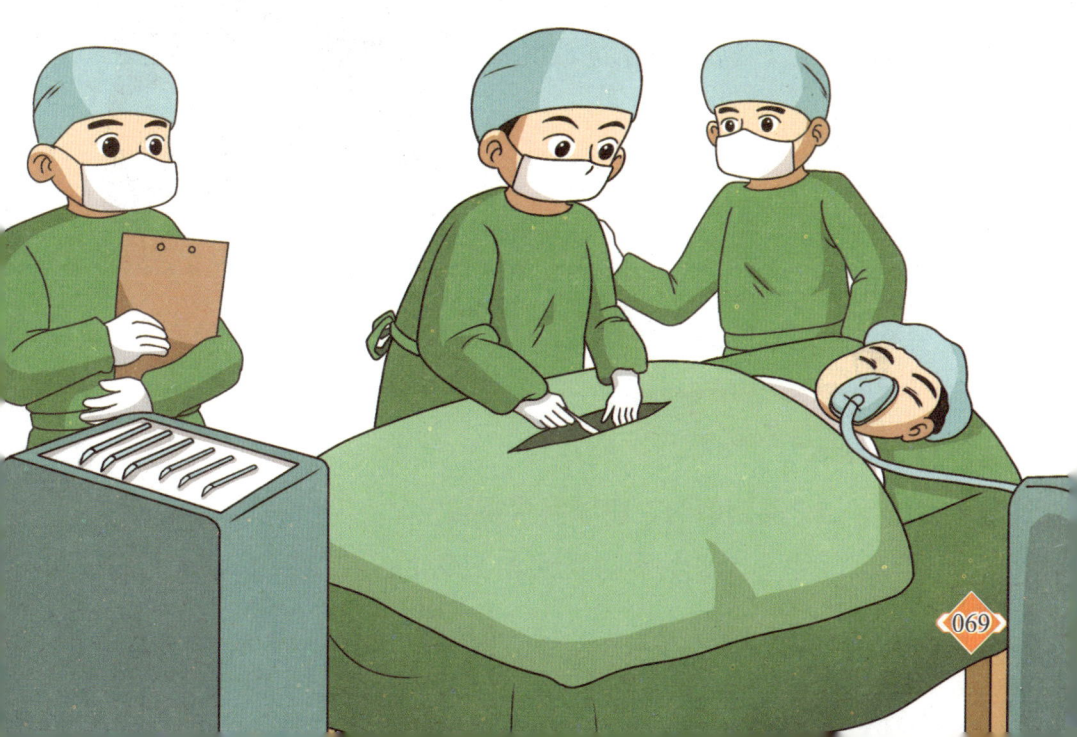

院的领导很诚恳地道了歉，并为小雪妈妈进行了第二次手术。

第二次手术后，小雪妈妈的身体恢复得很好，养了两天，就被允许出院了。

出院时，医院不仅减免了手术的费用，还主动赔偿了小雪妈妈 1 万块钱。

"爸爸，为什么别人去医院都要花钱，妈妈去医院，医院却给妈妈钱啊？"从医院出来，回家的路上，小雪实在是忍不住心中的疑惑，不解地问。

"因为医生做手术不认真，用了不合格的器具，犯了错，伤害了妈妈，就该赔偿。"爸爸耐心地解释道。

"我国法律规定，因药品、消毒产品的缺陷造成患者损害的，患者可以向相关机构请求赔偿。所以，医院才给妈妈钱。就像你做错了事，弄伤了同学，也要给同学道歉、赔偿一样。"妈妈在旁边微笑着补充说。

"原来是这样！"听了爸爸妈妈的话，小雪这才恍然大悟。

律师答疑

1. 买到假药，应该向谁索赔？

《中华人民共和国民法典》规定："因药品、消毒产品、医疗器械的缺陷，或者输入不合格的血液造成患者损害的，患者可以向药品上市许可持有人、生产者、血液提供机构请求赔偿，也可以向医疗机构请求赔偿。患者向医疗机构请求赔偿的，医疗机构赔偿后，有权向负有责任的药品上市许可持有人、生产者、血液提供机构追偿。"

所以，买到假药后，我们不仅可以向售卖假药的药店索赔，还可以向生产假药的制药公司索赔。

2. 医生误诊后，应该怎么赔偿？

如果医生的误诊没有给患者带来实质性损害，双方可以通过协商，确定一个合理的赔偿数额。

如果医生的误诊给患者造成了损害，让患者受伤、残疾甚至死亡，则要根据《中华人民共和国民法典》《医疗事故处理条例》等相关法律法规的规定，赔偿患者医疗费、交通费、护理费、营养费、辅助器具费、误工费、残疾赔偿金、丧葬费、死亡赔偿金等各项费用。

 法律贴士

哪些药是假药？哪些药是劣药？

按照《中华人民共和国药品管理法》的相关规定，有下列情形之一的，为假药：

（一）药品所含成份与国家药品标准规定的成份不符；

（二）以非药品冒充药品或者以他种药品冒充此种药品；

（三）变质的药品；

（四）药品所标明的适应症或者功能主治超出规定范围。

有下列情形之一的，为劣药：

（一）药品成份的含量不符合国家药品标准；

（二）被污染的药品；

（三）未标明或者更改有效期的药品；

（四）未注明或者更改产品批号的药品；

（五）超过有效期的药品；

（六）擅自添加防腐剂、辅料的药品；

（七）其他不符合药品标准的药品。

　　小朋友，你还知道哪些保持健康、减少疾病的小常识？快和同学们分享一下吧！

_____

_____

神 医

乐乐感冒好几天还不见好，妈妈决定带他去医院……

6个自我保护的知识要点

1. 义正辞严，当场制止

当你遇到坏人时，务必保持镇定，切不可露怯，要当面阻止对方的不法行为，千万不要让对方觉得你好欺负。比如，你可以壮着胆子大叫："你想干什么？""你别想跑！"在气势上先压住坏人。

2. 身处险境，紧急求助

当你发现坏人一直纠缠你、羞辱你时，你要想办法向外界求助，可以大声呼叫，可以打电话，可以传纸条，让老师、家长、民警和周围的群众"听到"你的呼救，赶来帮助你。

3. 虚张声势，巧妙周旋

当自己处于劣势时，可假意说自己有亲朋好友就在这附近，让对方不再那么气势汹汹，或者施以巧计，让对方上当，采取拖延战术，先让对方不敢做进一步的动作，只等有利时机一到，就破坏坏人的计划。

4. 主动避开，远离危险

如果知道坏人就是要对你不利，而你和他力量悬殊时，你要主动避其锋芒，赶紧离开，撤离到安全场所。

5. 求助法律，报告公安

如果遭受了特别严重的侵害，或者遇到难以应对的情况，自己和家人都没办法妥善处理时，要及时向公安机关报案，比如拨打110报警电话，联系派出所、巡警，也可以向未成年人保护委员会、居民委员会、街道办事处等单位或部门求助。

6. 遵纪守法，消除隐患

一名合格的中小学生，不可触犯国家法律，也不能违反校内外纪律。平日要远离坏人，不让他们有机会接近你，以免日后受到侵害。假如已经和坏人为伍，要及时和他们断绝往来，以免遭受侵害。